ESSAI
SUR LA
MYTHOLOGIE ÉGYPTIENNE

PAR

PAUL PIERRET

CONSERVATEUR DU MUSÉE ÉGYPTIEN DU LOUVRE

———

Numina, nomina.

PARIS
F. VIEWEG, LIBRAIRE-ÉDITEUR
67, RUE DE RICHELIEU, 67
—
1879

ESSAI
SUR LA
MYTHOLOGIE ÉGYPTIENNE

PAR

PAUL PIERRET

CONSERVATEUR DU MUSÉE ÉGYPTIEN DU LOUVRE

Numina nomina.

PARIS
F. VIEWEG, LIBRAIRE-ÉDITEUR
67, RUE DE RICHELIEU, 67

1879

ESSAI

SUR LA

YTHOLOGIE ÉGYPTIENNE

PAR

PAUL PIERRET

CONSERVATEUR DU MUSÉE ÉGYPTIEN DU LOUVRE

Numina, nomina.

PARIS

F. VIEWEG, LIBRAIRE-ÉDITEUR

67, RUE DE RICHELIEU, 67

1879

ESSAI

SUR LA

MYTHOLOGIE ÉGYPTIENNE

PAR

PAUL PIERRET

CONSERVATEUR DU MUSÉE ÉGYPTIEN DU LOUVRE.

Numina, nomina.

PARIS

F. VIEWEG, LIBRAIRE-ÉDITEUR

67, RUE DE RICHELIEU, 67

1879

ESSAI

SUR LA

MYTHOLOGIE ÉGYPTIENNE

SAINT-OUEN (SEINE). — IMPRIMERIE JULES BOYER.

ESSAI

SUR LA

MYTHOLOGIE ÉGYPTIENNE

SAINT-OUEN (SEINE). — IMPRIMERIE JULES BOYER

ESSAI
sur la
MYTHOLOGIE ÉGYPTIENNE

On s'est habitué à dire que la mythologie égyptienne est un abîme sans fond où doivent se noyer tous les investigateurs et qu'elle nous offre un problème insoluble. Les hiéroglyphes n'ont-ils pas été réputés à jamais indéchiffrables?

Les premiers égyptologues qui se sont aventurés sur ce domaine si décrié de la mythologie ont été éblouis, déconcertés par la multiplicité des détails, ils se sont perdus dans les broussailles du chemin au lieu d'essayer d'atteindre quelque point élevé d'où l'on pût dominer le pays, comme à vol d'oiseau, et en comprendre la distribution.

Un répétiteur de l'École des Hautes Études, M. Grébaut, dont les travaux sont malheureusement trop rares, a cependant posé de précieux jalons sur cette route mal explorée; il est incompréhensible que personne n'ait encore songé à en tirer profit. L'étude attentive des textes et de leurs variantes l'a mis à même de faire justice de plusieurs graves erreurs, admises comme articles de foi dans l'école égyptologique (Cf. Hymne à Ammon du musée de Boulaq, p. XVII–XX de l'Introduction) et qui eu eussent été d'invincibles obstacles à la découverte de la vérité. Il a posé quelques principes qui, je me fais un devoir de le déclarer, ont été le point de départ du présent travail en me permettant de coordonner les notes que j'amasse depuis dix ans. A l'aide de ses observations et de celles que l'étude et la réflexion m'ont suggérées, il m'a été possible de me placer à la hauteur voulue pour embrasser d'un coup d'œil le terrain à conquérir et pour tenter une vue d'ensemble de la mythologie.

Rien de plus compliqué que cette mythologie si l'on veut entrer dans toutes les variantes de détail, si l'on veut préciser et expliquer minutieusement toutes les subdivisions des types divins; rien de plus simple, au contraire, si l'on se contente d'indiquer la pensée mère du système.

Un dieu unique et caché se manifeste par le soleil, lequel devient dieu à son tour et engendre d'autres dieux destinés à symboliser les phases successives de sa course. Quant aux déesses, elles n'ont que deux rôles à jouer: elles personnifient ou la lumière de l'astre ou l'espace dans lequel il prend naissance et disparaît. La déesse n'est du reste qu'un aspect particulier du dieu car elle est coiffée des mêmes insignes que lui. Hathor joue souvent à Bendérah le rôle d'un dieu; il y a des exemples d'un soleil féminin et de déesses ithyphalliques.

Telle est en deux mots la conception qui, je suis en mesure de l'affirmer, a dominé toute l'Égypte depuis Ménès jusqu'à la conquête romaine. Sans doute la physionomie des personnages mythologiques a pu varier, leur dénomination changer; aux basses époques le symbolisme devient tellement exubérant que le dessin primitif disparaît presque sous la richesse de l'ornementation, en même temps que la langue se voile sous les fantaisies graphiques et les jeux de mots; mais la doctrine reste constamment la même. Pouvons-nous nous en étonner, nous qui avons tant de preuves de la persistance extraordinaire des usages dans la Vallée du Nil?

Il n'est pas nécessaire d'être bien avancé dans ses études pour constater qu'un même type divin était représenté par des dieux différents dans les différentes localités : c'est ainsi que le même rôle est joué par Ptah à Memphis, par Noum aux Cataractes et par Toum à Héliopolis. Qu'en faut-il conclure? C'est qu'au lieu de s'attarder à faire la monographie de tel ou tel dieu, à définir le culte de telle ou telle ville, il est de beaucoup préférable, pour le rapide progrès de la science, de grouper les dieux des diverses parties de l'Égypte et même des différentes époques d'après la nature de leurs fonctions, de réunir et de confronter ceux qui personnifient le soleil diurne, puis ceux qui personnifient le soleil nocturne, puis ceux qui personnifient le soleil renaissant, etc. De la comparaison de leurs légendes jaillit une lumière inattendue qui permet de déterminer leur rôle, ce qui est le but même de la mythologie, et de tracer un tableau d'ensemble qui nous offre une idée claire de la doctrine. Ces premières lignes une fois arrêtées, rien ne sera plus facile que de fixer à leur place les détails complémentaires que nous livreront des observations ultérieures.

  Telle est la pensée qui a présidé au travail qu'on va lire.

I.—LE MONOTHÉISME ÉGYPTIEN

Ce qui distingue la religion égyptienne des autres religions de l'antiquité, ce qui lui constitue un caractère absolument original c'est que, polythéiste en apparence, elle était essentiellement monothéiste. Les Grecs et les Romains étaient de véritables athées puisqu'ils n'admettaient pas un Dieu unique. Le polythéisme est en effet la négation de Dieu : Dieu est un ou il n'est pas. Les Égyptiens, au contraire, ayant cru à un Dieu <u>unique</u>, <u>sans second</u>, <u>infini</u>, <u>éternel</u>, ainsi que les textes vont nous le prouver, il faut bien admettre que leur polythéisme était purement symbolique. La forme même de leurs divinités nous démontre qu'il n'y faut point voir des êtres réels : un dieu représenté avec une tête d'oiseau ou de quadrupède ne peut avoir qu'un caractère allégorique, de même que le lion à tête humaine, appelé sphinx, n'a jamais pu passer pour un animal réel.

Tout cela n'est que de l'hiéroglyphisme. Les divers personnages du panthéon représentent, non les attributs, comme on l'a cru longtemps, mais les rôles divers, les fonctions du dieu suprême, du dieu unique et caché, qui conserve dans chacune de ces formes son identité et la plénitude de ses attributs (Grébaut, Hymne à Ammon du Musée de Boulaq). Comment expliquer autrement qu'un oiseau, par exemple, le Bennou, soit paré du titre de « roi de tous les dieux », lorsqu'il symbolise la résurrection d'Osiris ? Les Égyptiens différenciaient leurs dieux par des têtes d'animaux, par des coiffures particulières parce que leur art rudimentaire ne leur permettait pas de leur assigner une physionomie spéciale. Les Grecs eux-mêmes, qui étaient des habiles artistes, se sont parfois, dit Wilkinson, écartés des formes conventionnelles ; les Apollon, les Bacchus ne sont pas les mêmes à toutes les époques, et l'on eût souvent recours à la peau de lion, au

— 8 —

dauphin, au croissant, à l'aigle pour identifier les figures d'Héraclès, d'Aphrodite, d'Artémis ou de Zeus. Sans doute, le vulgaire ignorant devait être entraîné et même encouragé par les prêtres, qui y avaient leur intérêt, à voir la divinité même dans l'idole qu'il adorait, mais les initiés ne reconnaissaient qu'un Être unique et caché.

Le mot par lequel on rendait l'idée de Dieu, 𓏤𓏤𓏤 *nuter*, signifie au propre « renouvellement » parce que, dans la conception mythologique, le dieu s'assure une éternelle jeunesse par le renouvellement de lui même, en s'engendrant lui même perpétuellement.

Voici un choix des plus frappantes expressions du monothéisme égyptien :
Dieu créateur. « Tout ce qui vit a été fait par Dieu lui même » : 𓏤𓏤𓏤 (Champoll. Not. II, 328). « Il a fait les êtres et les choses » : 𓏤𓏤𓏤 (Dendérah I, 18). « Il est le formateur de ce qui a été formé, mais lui, il n'a pas été formé. Il est le créateur du ciel et de la

terre » [hieroglyphs] (Sev-
eria, Catal. du Musée de Lyon, stèle 88). « Il est l'
auteur de ce qui a été formé ; quant à ce qui
n'est pas, il en cache la retraite » [hieroglyphs] (Pap.
de Leide I, 347, 10/5). « Dieu est adoré en son nom
d'éternel, fournisseur d'âmes aux formes » : [hieroglyphs]
(Cf. Chabas, Maximes d. Ani II, 35)

Dieu Éternel. « Il traverse l'Éternité, il est pour
toujours » : [hieroglyphs] (Louvre,
C. 21). « Maître de l'infinie durée du temps,
auteur de l'éternité, il traverse des millions
d'années dans son existence » : [hieroglyphs] (Boîte de momie) « maître de
l'Éternité sans bornes » : [hieroglyphs] (Todtenb. LXII, 3)

Dieu insaisissable. « On ne l'appréhende pas par
les bras, on ne le saisit pas par les mains » :
[hieroglyphs]
(Todtenb. XLII)

Dieu incompréhensible. « C'est le miracle des

formes sacrées que nul ne comprend : » [hieroglyphs] [hieroglyphs] (Pap. mag. Harris V)

Dieu infini. [hieroglyphs] (Ib. III). « son étendue se dilate sans limites »

Dieu doué d'ubiquité. « Il commande à la fois à Thèbes, à Héliopolis et à Memphis » [hieroglyphs] (Denkm. III, 246)

Dieu est invisible. [hieroglyphs] (Mes Études Égypt. III). « on ne le voit pas, le Grand qui est à Mendès »

Il est miséricordieux [hieroglyphs] (Denkm. III, 294) « écoutant celui qui l'implore »

Il est omnipotent « Ce qui est et ce qui n'est pas dépendent de lui » : [hieroglyphs] (Louvre, C 218) « Ce qui est est dans son poing, ce qui n'est pas est dans son flanc » : [hieroglyphs] (Todtenb. XXXII, 8)

Cette double image est saisissante ; on l'admirerait à juste titre si on la rencontrait dans la Bible. Je relève une autre expression d'un caractère absolument biblique : un Égyptien,

après avoir vanté la pureté de sa vie, ajoute :
« Dieu tourne sa face vers moi en récompense
de ce que j'ai fait » : [hiéroglyphes] (Bergmann, Inscript. VI, 11)

Voici maintenant comment se concilie
mythologiquement cette conception d'un Dieu
unique, omnipotent, éternel et infini avec
le polythéisme qu'accusent les monuments.

Pour bien faire comprendre aux initiés que les nombreuses divinités qui peuplaient les temples n'étaient, pour ainsi dire, que des formes de langage servant à symboliser les faces diverses de l'Être suprême, on leur disait que ce Dieu suprême « se cache aux hommes et aux dieux » : [hiéroglyphes] (E. de Rougé, Chrest. III, 25) « Il se cache, on ne connait pas sa forme » [hiéroglyphes] (Hymne de Berlin) « Les hommes ne connaissent pas son nom » : [hiéroglyphes] (Todtent. XLII) « Il cache son nom » [hiéroglyphes] (Hymne à Ammon de Boulaq) « Il déteste qu'on prononce son nom » [hiéroglyphes]

𓁶 (Todtenb. XLIV, 4). Autant de textes qui renversent d'un trait de plume les idoles dont nos musées sont remplis et qui élèvent le monothéisme égyptien à la hauteur du monothéisme hébraïque. Ce sont là les mystères de la doctrine que les initiés ne devaient pas révéler, et qu'ils se gardaient bien de révéler, puisque ces initiés étaient les prêtres eux-mêmes qui vivaient de ce mille pratiques superstitieuses imposées au vulgaire et entraient leur influence. Les légendes de la statue de Ptah-mer, grand-prêtre de Memphis (Louvre A. 60) nous disent que ce personnage « avait pénétré les mystères de tout sanctuaire; il n'était rien qui lui fût caché; il adorait Dieu et le glorifiait dans ses desseins; il couvrait d'un voile le flanc de tout ce qu'il avait vu »

𓂀𓏤𓏛𓏥 . C'était là un mot d'ordre que tout membre du sacerdoce avait intérêt à respecter.

— 13 —

Le dieu unique, sans second 〈hiero〉 〈hiero〉 (Denkm. III, 81) est unique même au milieu de la collection des dieux 〈hiero〉 〈hiero〉 (Stèle naoph. de Turin) Il est unique mais il a de nombreux noms, de nombreuses formes 〈hiero〉 (Hymne à Ammon de Boulaq) 〈hiero〉 « aux nombreux noms, aux formes sacrées et mystérieuses dans les temples » 〈hiero〉 (Todtenb. CLXII, 2) « Il est l'âme sainte qui engendre les dieux, qui revêt des formes mais qui reste inconnue » 〈hiero〉 〈hiero〉 (Todtenb. XV, 46) Cet engendrement des dieux est purement mythologique car « il les réunit tous en son corps » 〈hiero〉 (Mar. Dender. II, 15 a) 〈hiero〉 (Denkm. III, 219). Les dieux sont des formes qui sont en dedans de lui. 〈hiero〉 (Todtenb. XLII, 17) « dans son flanc » 〈hiero〉 (Palette de Bakenkhons au Louvre) « La substance des dieux est le corps même de Dieu » 〈hiero〉 (Todtenb.

17/4) « sa substance première »: [hieroglyphs] ("Mes études Égypt. I, 6) « Il a produit, créée, enfantée »: [hieroglyphs] (Todtenb. XV, 29) [hieroglyphs] elle est sortie de lui » [hieroglyphs] (Todtenb. XXXIX, 14) L'ensemble des dieux comme substance, un aliment, un pain immense ⊙ (et non un cycle ⊙) « dans le milieu duquel réside l'Unique »: [hieroglyphs] (Stèle naoph. de Turin) [hieroglyphs] (Pap. de Leide, I, 344, 1/11) [hieroglyphs] (Hymne à Ammon de Boulaq) ou autrement « la Société des dieux se totalise en un seul cœur » [hieroglyphs] (Mar. Abyd. I, 10, a)

Dieu crée [gl], engendre [gl], enfante [gl] les dieux; c'est un taureau qui féconde le panthéon [hieroglyphs] (Hymne à Ammon de Boulaq), ou bien il les forme de sa parole [hieroglyphs] (Id.) Il parle et les dieux se produisent: [hieroglyphs] Sa parole en une substance [hieroglyphs] (Id. Grébaut, 11, 12 et passim) Il est l'âme qui produit [hiéroglyphes] les dieux, qui les engendre [hiéroglyphes], l'âme qui dans cet acte de perpétuelle génération des formes divines est la source de sa propre ardeur [hiéroglyphes], la plus grande des âmes [hiéroglyphes], maîtresse des levers solaires [hiéroglyphes], puisque Dieu est l'âme du Soleil, lequel est son corps : [hiéroglyphes] (Dümich. hist. Inschr. II), renouvelant ses naissances [hiéroglyphes] dans ses différents rôles ; Dieu est, en un mot, le souverain des dieux, l'âme divine qui anime le ciel [hiéroglyphes].

Hem le père des pères de tous les dieux [hiéroglyphes], le grand dieu de la première fois [hiéroglyphes] (J. de Rougé, Inscript. I, 19) le dieu très grand en tant que commencement du devenir [hiéroglyphes] (Mes Études I), qui s'est formé lui-même, qui est le commencement de la forme et qui n'a pas été formé [hiéroglyphes] (Denkm. IV, 30), le dieu du commencement qui a dit au Soleil « viens à moi ! » [hiéroglyphes] (Todt.

XVII) qui a mis le ciel en haut et la terre en bas 𓇳𓏤𓈖𓈇𓏤 et qui vit, s'alimente de la Vérité 𓐙𓌴𓂝𓏏𓆄𓏏𓏤𓅓𓂋𓐙𓌴𓂝𓏏 (Livre des Respir^{ons}, Éd. de Horrack V, 5). Dieu vit de la vérité, il lui est uni 𓐙𓌴𓂝𓏏 et, s'en nourrissant, ne fait qu'un avec elle. La Vérité nous représente donc la conception abstraite que les Égyptiens avaient de la divinité.

Nous appelons Vérité la <u>conformité</u> de l'idée avec son objet, dont le contraire est l'erreur, la <u>conformité</u> de ce qu'on dit avec ce qu'on pense, dont le contraire est le mensonge, la <u>conformité</u> du récit avec le fait, du portrait avec le modèle, etc. La conformité se prouve par la comparaison, aussi les Égyptiens avaient-ils adopté pour déterminatif et pour idéogramme du mot Vérité l'instrument-type de la comparaison et de la mesure, la coudée ou règle 𓌻 qui varie aux anciennes époques avec le doigt 𓂧, autre unité de mesure primitive et universelle.

— 17 —

Est vrai d'une manière absolue tout ce qui est conforme à la règle, tout ce qui n'est pas autrement qu'il doit être : de là l'identité du vrai et du bien. Des artisans qui exécutent des ouvrages irréprochables sont en égyptien « des savants de leurs mains, auteurs d'œuvres de vérité. » 𓊪𓏏𓏭𓏥 [hiero] Cf. Chalas, MIF T. 2/132.

Un corps que l'embaumeur eut préservé de la destruction est un être vrai : [hiero] (Mar. Mythe d'Horus) « son corps est à l'état d'être-vrai, il ne périt pas » Hermès Trismégiste en nous disant que « Ce qui n'est pas toujours n'est pas vrai » (trad.^{on} Ménard IV, 9) nous apporte un écho très fidèle de la pensée égyptienne. Soustraire une chose à la destruction, c'est lui maintenir sa réalité, sa <u>vérité</u>. Le dieu Soleil, comme nous le verrons plus loin, <u>fait la vérité</u> en maintenant l'harmonie du monde par son lever quotidien et en entretenant la vie des êtres. Mais la vérité représente

2

aussi le bien, la vertu ; elle est la loi qui régit le monde moral aussi bien que le monde physique, le Bien Unique que la philosophie alexandrine, s'inspirant peut-être de la doctrine égyptienne, confondait avec Dieu.

II.— DIEU SE MANIFESTANT PAR LE SOLEIL.

La plus éclatante manifestation de Dieu sur terre, c'est le soleil qui en dit être son corps 𓏤𓏤𓏤 (Dümich, hist. Inschr. II, 40). « lui dont le soleil est le corps » 𓏤𓏤𓏤 (Hymne à Osiris de la Biblioth.) « âme de Rā lequel est son propre corps ». Les textes expriment que Dieu se manifeste par le Soleil en disant qu'il se cache en lui : 𓏤𓏤𓏤𓏤𓏤𓏤𓏤𓏤 (d'ap. mag. Harr. V) « il se cache dans sa prunelle, âme rayonnant par son œil ». C'est-à-dire qu'il se dérobe derrière l'éclat éblouissant de l'astre, il se montre aux hommes sous sa forme de dieu Rā, mais il leur dérobe son essence divine. 𓏤𓏤𓏤𓏤𓏤

(S. Piehl, Recueil tome II) « ton rayonnement vient d'une face qui n'est pas connue » [hieroglyphs] « tu marches inconnu aux hommes (à leurs faces)». Telle est l'explication du rôle d'Ammon-Râ, dont le nom composé signifie « le caché-soleil ».

Le soleil offrait un symbole vivant de l'éternel renouvellement de la divinité puisqu'il meurt chaque soir pour renaître chaque matin. Toute la mythologie égyptienne réside dans ce qu'on peut appeler le drame solaire; il se compose de plusieurs actes qui sont: la naissance de l'astre à l'orient, son parcours diurne, sa disparition à l'horizon occidental, sa traversée nocturne de la région infernale et sa réapparition à l'orient. A chaque acte de ce drame le dieu change de nom sans rien perdre de son individualité et de sa toute puissance. Ce sont ces rôles divers qui constituent le panthéon; ce sont eux que je me propose d'étudier dans les pages qui vont suivre.

III.— LE DIEU PRIMORDIAL.

Le dieu soleil, s'engendrant en lui-même, 〈hiéroglyphes〉 (Todtenb. XVII) engendre les dieux qui sont destinés à personnifier ses phases et il s'engendre lui-même pour se perpétuer : c'est ce que les textes expriment énergiquement en disant qu'il est le taureau, le fécondateur des dieux 〈hiéroglyphes〉 et le fécondateur de sa propre mère 〈hiéroglyphes〉. Il faut, selon moi, chercher dans cette image l'explication du culte d'Apis et de Mnévis. Les taureaux sacrés de Memphis et d'Héliopolis symbolisaient dans la doctrine ésotérique la faculté du dieu unique de multiplier ses formes, et la doctrine exotérique enseignait au vulgaire par la bouche des prêtres, qui en tiraient d'importants revenus, que la divinité s'incarnait dans ces animaux. Si le culte d'Apis n'était que l'adoration pure et simple d'un taureau, pourquoi ce dieu serait-il si souvent représenté par un homme n'ayant du taureau que la tête ? En serait-on soutenir que la représentation d'une femme ayant une plume d'autruche à la place de tête nous autorise à croire que les Égyptiens adoraient la plume d'autruche ? C'est encore, comme toujours, de l'hiéroglyphisme.

Mais renfermons-nous dans la doctrine que matérialisent les monuments. Le soleil étant la manifestation la plus éclatante de la divinité, l'animal dans lequel la divinité s'incarne aura des attributs solaires : en effet Apis est coiffé du disque; sur son dos est placée une housse entre les scarabée ailé symbolisant le devenir perpétuel de l'astre voyageur et le vautour aux ailes éployées symbolisant la protection des déesses solaires.

C'est parce qu'Apis est et ne peut être qu'un dieu solaire qu'il est appelé fils de Ptah, de même que le dieu solaire Ammon est appelé aussi fils de Ptah, le rôle de ce dernier ayant précédé celui du soleil organisateur de la création ; Apis est appelé aussi 〔hiero〕 fils de Toum, parce que Toum est également un dieu nocturne et primordial (Cf. infra)

Le soleil est un bel adolescent créé par Ptah, c'est à dire par le dieu primordial 〔hiero〕 (Reibsch. 1873, 5.) Le dieu primordial est qualifié 〔hiero〕 (Champoll. Not. II, 143), le très grand dieu, commencement du devenir, 〔hiero〕 (Louvre A.18), dieu auguste, vivant de la vérité, être ou essence double, devenu au commencement, et 〔hiero〕 (Denkm. III, 150). Il est dit « Être double » parce qu'il crée sa forme et engendre son corps 〔hiero〕 (Champoll. Not. II, 273), père des pères, puissance des puissances 〔hiero〕 (Denkm. III, 150), le dieu grand de la première fois 〔hiero〕 etc. Il prend différents noms, s'appelle Ptah à Memphis, Noum à Éléphantine, Thot à Hermopolis, Toum à Héliopolis. Il est personnifié par le fleuve céleste, l'eau, principe de la vie, et par les personnages qui symbolisent le soleil couchant, le soleil nocturne: Toum, Osiris, Sokari, Tanen, formes antérieures au soleil levant.

Ptah, dieu primordial, porte généralement le nom de Ptah-Tatunen, voici comment il est qualifié :

[hiéroglyphes] (Grand pap. Harris 56, 4) « père des pères, fabricateur de la substance des dieux ;»

[hiéroglyphes] (Champoll. Not. I, 543) « créateur de la terre » [hiéroglyphes] (Id. I, 663) « père des dieux et de tous les êtres de cette terre »

[hiéroglyphes] (Lepsius, Königsb. I), « père des commencements, créateur de l'œuf du soleil et de la lune, » [hiéroglyphes] (Stèle de Kouban, l. 19) « le producteur d'œuvres par excellence »

Il doit y avoir une corrélation entre ce titre et celui de [hiéroglyphes] que portait le grand prêtre de Ptah à Memphis.

Comme Hathor ([hiéroglyphe] « demeure d'Horus »),

il est appelé « demeure du soleil » [hieroglyphs], c'est-à-dire son origine :

[hieroglyphs] (gr. Sap. Harris 114). Fabricateur des hommes, auteur des dieux, il a suspendu le ciel ; l'établissement de la terre est son œuvre personnelle ; il l'a entourée de l'abîme de la mer et il a fait naviguer le soleil pour sauvegarder cela en régent V. S. F. »

« Ptah a donc précédé le soleil : c'est à ce titre qu'il est assimilé aux personnifications du soleil nocturne, précurseur du soleil diurne. De là son rôle funéraire et osirien de Ptah-Sokari et son aspect de dieu-momie, puisque la mort de l'homme est assimilée à la nuit du soleil. La nuit précède le jour comme le chaos a précédé la création, et le mystère cosmogonique se renouvelle à chaque lever solaire : voilà pourquoi chacun des personnages qui symbolisent le soleil disparu joue en même temps un rôle de dieu primordial.

L'astre sort chaque matin de l'abîme céleste, que les Égyptiens supposaient liquide et qu'ils appelaient Noun, pour constituer l'harmonie universelle. La première fois qu'il en est sorti a été le jour de la création: [hieroglyphs] (Tot. XVII, 1) « Je suis Toum qui était seul dans le Noun » « Ce qu'a engendré ta parole, ce qu'ont produit tes mains, tu l'as tiré du Noum »: [hieroglyphs] (Piles Études Égypt. I, 4). Le Noun, cause première du grand fait de la création, devient un dieu primordial avec lequel Ptah se fond quelquefois [hieroglyphs] (Denkm. III, 254), [hieroglyphs] (Champoll. Not. I, 123) « Ptah-Noun, père des dieux, » comme avec le Nil, fleuve terrestre, image du fleuve céleste, [hieroglyphs] (Id. I, 255) appelé aussi « père des dieux » [hieroglyphs] (Denkm. III, 200) « le liquide saint, le Nil, père des dieux » Le Nil est plus ordinairement assimilé

à Osiris, mais Osiris est adéquat à Ptah
comme soleil nocturne et dieu primordial :
[hieroglyphs] (titre d'Osiris à Edfou).

Le dieu criocéphale adoré en Nubie
et à Eléphantine, Noum, qui est représenté façonnant une figure humaine sur
un tour à potier, est appelé [hieroglyphs]
[hieroglyphs] (Mariette, Dend. II, 37) « fabricateur des
hommes, auteur des dieux, père du commencement » [hieroglyphs] (Temple de Philæ) « auteur de ce qui est, créateur
des êtres, commencement des formes, père des
pères, mère des mères » [hieroglyphs]
(Id). « père des dieux, modeleur des hommes, engendreur des dieux » [hieroglyphs]
[hieroglyphs] (Champoll. Not. I, 112) « père des pères
des dieux et des déesses, maître du devenir en
soi, auteur du ciel, de la terre, de l'enfer, de
l'eau et des montagnes. »

Le dieu primordial se fractionne parfois en quatre couples d'un mâle et d'une
femelle, auteurs de la création, mais dont les

noms ne sont pas encore clairement expliqués (cf. Dümichen, Zeits. 1869, 6). Ils résident à Hermopolis, ville qui s'appelle en égyptien [hiero] Uccoyn, c'est à dire « la ville des Huit. Thot, dieu principal du nome Hermopolite, résume ces huit dieux qu'on est convenu d'appeler Élémentaires, et, à ce titre, s'attribue quelques unes des qualifications de Ptah : [hiero] « siège, origine du soleil (cf. suprà) (Monum. de Leide V, 1), [hiero] (Stèle de Londres, Zeits. 1877, 150). « Thot, seigneur de la ville des Huit, formateur de lui même, que nul n'a enfanté, dieu unique » Il est maître de la vérité [hiero], il fait la vérité [hiero], il est le fécondateur de la vérité [hiero] puisqu'il constitue le monde [hiero] (Pleyte et Rossi, Pap. de Turin 23, 1).

Les textes font une confusion perpétuelle et voulue entre l'œuvre de la création et le renouvellement quotidien de la nature par le réveil du soleil. Aussi Thot, dans la lutte du jour contre la nuit, [hiero] [hiéroglyphes] « repousse celui qui combat dans le ciel de l'occident, et il fait triompher le soleil ; il lui rapporte sa lumière [hiéroglyphes] (Pleyte et Rossi, Pap. de Turin, pl. 23) « Ce qui avait été enlevé, il le ramène au port. » C'est la lumière du Soleil, son œil : [hiéroglyphes] (Mar. Abyd. 56) « Il enlève l'œil d'Horus à ses ennemis. » Un texte de Dakkeh dit que Thot a ramené de Nubie l'œil de Râ : [hiéroglyphes] (Brugsch, Dict. géog. 733) C'est pourquoi plusieurs de ses statuettes le représentent tenant l'œil sacré [hiéroglyphe], c'est pourquoi on le trouve identifié avec Shou qui, comme nous le verrons plus loin, joue le même rôle cosmogonique. Thot est appelé à Philæ [hiéroglyphes] Shou, « fils de Râ, venu de Nubie » (Brugsch, Diction. géog. 733).

Thot fait donc triompher le Soleil contre les ténèbres, ses ennemies, et donne à sa parole le pouvoir de faire la vérité :

[hieroglyphs] (Todtent. XVIII) « il fait sa parole être vérité contre ses ennemis. » Le soleil renverse alors ses ennemis par sa seule parole qui a le don de faire la vérité, c'est ce qu'exprime le groupe [hieroglyphs] mā xeru : [hieroglyphs] (Todtenb. LXIV, 13) (Voyez dans les Mélanges d'archéol. égypt. et assyr. I, 249, l'importante explication que M. Grébaut a donnée de ce groupe, et cf. Mes Études égypt. III, 100)

Le côté particulier du rôle de Thot sur lequel les textes insistent le plus, c'est celui de mesureur, de pondérateur et d'intelligence directrice qui a créé le langage, l'écriture et la science : [hieroglyphs], [hieroglyphs] (Texte d'Edfou). Calculateur du ciel et de ses astres, de la terre et de ce qu'elle contient, dieu mesureur de la terre. Il est le dieu poids [hieroglyphs], [hieroglyphs]; son animal emblématique, le cynocéphale, exprime l'équilibre de la balance, et, dans le rôle lunaire où il se fond avec le dieu thébain Khons,

Thot est le computateur du temps [hieroglyphs] (Cf. E. de Rougé, Étude sur Tahraka). Enfin il est constamment appelé « le seigneur des paroles divines » [hieroglyphs] (Denkm. IV, 6), le seigneur de l'écriture sacrée [hieroglyphs] (Louvre A. 74) et « le secrétaire des dieux » [hieroglyphs] (Denkm. III, 182). Des charmes magiques sont en lui; sa parole est une substance et son charme est dans le charme de sa bouche »: [hieroglyphs] (Denkm. IV, 41) [hieroglyphs] (Louvre, C. 213)

IV.— RÔLE COSMOGONIQUE DU SOLEIL

Il est impossible de donner une vue d'ensemble de la mythologie égyptienne sans se heurter à des divergences résultant de la diversité des cultes locaux et de l'immense période de temps sur laquelle nous opérons pour interroger les monuments. C'est ainsi qu'une notable portion de l'œuvre cosmogonique, qui devrait appartenir tout entière au dieu primordial, est usurpée par le soleil.

— 31 —

Le rôle cosmogonique du soleil considéré comme ayant mis le ciel en haut et la terre en bas [hieroglyphs] « soulevé le ciel, repoussé le sol » (acte attribué ailleurs à Ptah-Tatunen : cf suprà), ce rôle est personnifié par les dieux Shou [hieroglyphs] et Anhour [hieroglyphs] : Shou a soulevé le ciel qu'Anhour lui a amené ; le nom de ce dernier signifie <u>mener le ciel</u> ; [hieroglyphs] (Pap. mag. Harris II, 5) « tu as amené le ciel avec ton <u>mâurui</u> » instrument que M. Chabas (Mél. III, 2/249) prétend être une sorte d'épieu, et qui est, pour mieux dire, une lance, un dard, celui qu'Anhour a en main, comme Hor-tmâ [hieroglyphs], à Philæ. [hieroglyphs] « dard » a formé le mot [hieroglyphs] « rayonnement », de même que la flèche [hieroglyph] a formé le mot [hieroglyphs] qui signifie aussi rayonnement. Cependant les statues d'Anhour paraissent lui faire tenir une corde, bien que, je le répète, il soit représenté à Philæ avec un dard. Il est coiffé d'une perruque au dessus de laquelle se dresse l'uraeus; sa tête est surmontée des plumes d'Ammon dédoublées et parfois disposées en rond. Il se confond avec Shou: [hieroglyphs] (Denkm. III, 221) [hieroglyphs] "Ankhou-Shou, fils de Râ." Il en dit [hieroglyphs] "seigneur de la force" (Pap. mag. Harr. II, 3), et son rôle cosmogonique est confirmé par son assimilation avec Hor-tmâ: [hieroglyphs] "An-hour-Hor-tmâ de Thinis" (Brugsch, Dict. géog. 951).

Qu'est-ce que Hor-tmâ? L'auteur de l'hymne à Osiris, conservé à la Bibliothèque Nationale et traduit par M. Chabas, après avoir dit que le dieu a créé la terre, l'eau, les plantes, les animaux, ajoute: [hieroglyphs] "le fils de Nout (Osiris) fait vraie (maintient la réalité de (cf suprà) la terre qui s'en réjouit." C'est-à-dire qu'après avoir créé il maintient sa création. [hieroglyphs] tmâ n'en qu'une variante de [hieroglyphs] par substitution d'un impulsif à un autre. Horus repoussant de sa lance les animaux malfaisants qui symbolisent les ennemis de la création (de même qu'il les foule aux pieds sous forme de crocodiles, comme Ptah et Khons) est appelé [hiéroglyphes] parce qu'en agissant ainsi il fait la vérité. M. Grébaut (Hymne à Ammon 108, Mélanges d'Archéol. égypt. et assyr. I, 249) a démontré en effet que le rôle solaire de la divinité consiste à entretenir la vie des êtres et à maintenir l'harmonie du monde par son lever quotidien. Dès que l'astre surgit à l'orient, dit ce savant, le règne de la Vérité commence : aussi les textes affirment-ils qu'il se lève avec la vérité [hiéroglyphes] (Denkm. III, 39) [hiéroglyphes], la vérité s'unit à ses splendeurs [hiéroglyphes], il établit la vérité dans sa barque [hiéroglyphes], il enfante la vérité [hiéroglyphes] (Champoll. Not. I, 854) [hiéroglyphes] (Denkm. III, 107) « tu es le soleil enfantant la vérité », il devient un producteur de vérité [hiéroglyphes] (Stèle de Kouban, l. 18). Il fait la vérité et déteste le mal, ennemi de son œuvre : [hiéroglyphes] (Todt. CX, 9). Nous avons vu plus haut, § I, que la Vérité ne fait qu'elle avec Dieu ; comme lui, elle s'incarne dans le Soleil ; cela est aussi clairement que possible exprimé par cette phrase : [hiéroglyphes] (Mariette, Dendérah) « la Vérité dans le ciel illumine la terre de sa splendeur ; les êtres, les animaux, vivent de son rayonnement ». C'est en raison de cette incarnation solaire, c'est parce qu'elle s'épanche sur les deux terres (le nord et le sud, cf infra, §V) qu'elle est double. Mâ du sud et Mâ du nord, comme tant d'autres déesses assimilées aux Yeux du Soleil.

Je reviens à Anhour. On le trouve sur un petit monument du Louvre formant une triade avec Tefnout-léontocéphale et un dieu coiffé de la mitre blanche.

Shou a séparé le ciel de la terre, il a élevé le ciel pour des millions d'années au dessus du sol [hiéroglyphes] (Denkm. III, 234) il a soulevé le ciel et l'a établi de ses deux mains : [hiéroglyphes]

[hiéroglyphes] (Pap. mag. Harris). Il est donc un triomphateur du Chaos (cf. Todtenb. XVII, 2) et, à ce titre, assimilé, comme Anhour, à Hor-tmā, Horus « faisant la vérité » avec sa lance destructrice du mal. Après avoir soulevé le ciel, il apporte à son père Râ ses yeux, c'est-à-dire sa lumière [hiéroglyphes] et il les lui place de ses propres mains : c'est pourquoi ses statues nous le montrent sous la figure d'un homme agenouillé, la jambe gauche à demi-relevée, et qui élève sur ses bras le globe du soleil émergeant de l'horizon.

Dans la seconde phase de son rôle, Shou se fond dans la lumière solaire pour en constituer la force qui détruit les ténèbres et les mauvais principes [hiéroglyphes] (Pap. mag. Harris) « sa personnalité s'unit à la personnalité de Râ. [hiéroglyphes] (31). Il s'assoit dans l'œil de son père [hiéroglyphes] (31) d'où le titre qu'il porte à Philæ [hiéroglyphes]

[☉𓋴] ari-nenu nefer « celui qui garde sa résidence radieuse ».

« Représenté sur les voiles de momies debout entre le ciel et la terre, c'est-à-dire entre Nout et Seb, il a la tête surmontée de l'hiéroglyphe de la force [𓌀] : c'est ce qui le rattache à la déesse léontocéphale Tefnout qui, comme toutes les déesses à tête de lionne, personnifie la force des yeux du Soleil et qui est dite sa sœur et sa femme. Ils étaient adorés sous la forme de deux lions en Nubie (Cf. Brugsch, Géog. I, 151), et ils sont souvent appelés les deux lions ».

V.— FONCTION DU SOLEIL. RÔLE DES DÉESSES.

Les Égyptiens disaient que le Soleil éclairait le monde de ses deux yeux [𓉐𓉔𓂋𓂝𓇳𓈗𓏤𓈗𓏤𓏤] « l'éclat de ses deux yeux illumine le circuit des régions » (Bergmann, Inser. 24) [𓂋𓏲𓇳 𓀀𓀁𓏥 𓊪 𓏏𓁐 𓂝𓄿 𓂻 𓏏𓏭 𓇳𓏤] (Louvre pap. 3293) « ô le rayonnant dans le ciel qui éclaire la terre de ses deux yeux ! » [𓏏𓏤 𓈇𓏤 𓂋𓇳𓏤 𓈗𓏤]

« les deux illuminent le monde » d'où le nom
[hiero], [hiero] « Horus aux deux yeux »(C. Brugsch,
Diction. géog. 675, 676), et ils voyaient dans
sa lumière la force qui entretient la vie et
maintient l'ordre dans l'univers. Cette force
résultant de ses deux yeux est dite double :
l'astro-dieu est appelé « le grand de la
double force, le maître de la double force »:
[hiero], [hiero] (Hymne
à Ammon de Boulaq), et ce mot force est
écrit au duel, précisément avec l'hiéroglyphe
du lion. Voilà pourquoi les déesses qui personnifient la force des yeux du soleil sont
des déesses léontocéphales, et de là vient le
symbolisme du lion et du sphinx. Le lion
est un symbole de lumière, a déjà remar-
qué M. Mariette (Catal. de Boulaq, p. 105).
L'horizon céleste d'où émerge le soleil est
supporté par deux lions (Tableau du Chap.
XVII du Todtenb.) On lit au Chapitre CLXII
de cette même composition : [hiero]
[hiero]

— 33 —

... ô lion doublement fort, qui portes haut la double plume, seigneur de la coiffure divine, qui commandes par le fouet; c'est toi qui es le mâle vigoureux par le rayonnement ». Cette légende désigne particulièrement le soleil renaissant de lui même, que personnifie Khem ithyphallique; mais elle explique le dieu léontocéphale Hobs coiffé de ... Horus, autre forme du soleil levant, est comparé à un lion ... dans plusieurs textes (cf. Dict. géog. 301). Shou est appelé ... seigneur de Nubie (Id 851) ... hiéroglyphe du sphinx. Le sphinx n'est donc pas, comme on l'a dit, un emblème de la force unie à l'intelligence, explication abstraite qui n'est pas dans le goût de l'allégorie égyptienne: c'est un lion ayant tantôt une tête de bélier ou d'épervier [1], emblèmes éminemment solaires, tantôt une tête d'homme lorsqu'il est-

---

[1] Le lion à tête d'épervier n'est autre que Hor-Sopdu, f Horus du nome arabique: cf. Brugsch, Dict. géog. 334.

affecté à la représentation du pharaon, image du soleil levant; une des noms du sphinx 〔hiero〕 *ses'ep* signifie « faire la lumière » (〔hiero〕); les monuments nous le représentent souvent orné des coiffures solaires 〔hiero〕 et 〔hiero〕 (Cf. Louvre, salle des dieux, arm. K), et le grand sphinx de Gizeh est une image d'Harmakhis.

Sur un même (scarabée) Osiris est appelé 〔hiero〕. « le double lion, seigneur de Léontopolis » et 〔hiero〕. « le maître de la double force, seigneur de Hu » (Brugsch, diction. géog. 1021). Le groupe 〔hiero〕 s'emploie en variante du titre des déesses léontocéphales 〔hiero〕 *ur hekâu* qu'on peut traduire par « irrésistible ».

Rien de plus simple que le rôle des déesses : elles personnifient ou la lumière du soleil ou l'espace dans lequel il prend naissance et dans lequel il se couche. De même que le dieu Shou, qui personnifie également la force de la lumière, est appelé « fils de Râ », de même les déesses solaires sont appelées « fille du soleil » et il est tout naturel que, personnifiant en outre le récipient de l'astre, elles soient en même temps appelées « mère du soleil ». Leur rôle maternel résulte aussi de la protection qu'elles exercent sur lui. Du reste, la déesse est à la fois mère et fille comme le dieu est à la fois père et fils.

M. Grébaut a démontré (Hymne à Ammon de Boulaq) que le soleil traversant le ciel d'orient en occident et ses deux yeux se partageant l'office d'éclairer le monde, l'œil gauche éclaire le sud et l'œil droit le nord. Nous pouvons avec nos idées modernes nous représenter le dieu égyptien comme planant au dessus du cercle équatorial ; il partage dans sa course le monde entier en une région du midi et une région du nord. Il est juste au milieu des deux terres 𓈖𓈖𓏏𓏤 : une partie de sa personne est tournée vers le sud, l'autre est tourné vers le nord ; on le dédouble allégoriquement en l'appelant 𓀀𓀀 « le double Horus » 𓀀𓀀 « l'être double » et en le représentant avec deux têtes (voir au Louvre, salle des Dieux, arm. K) : 𓀀𓀀 (Champoll. Not. II, 54). « Je t'ai donné la double force du double Horus et sa puissance ». La déesse, qui n'est en somme qu'un aspect de la double illumination du dieu, est nommée au duel comme lui : 𓀀 Bouto, 𓀀 Neït, 𓀀 Nephthys ; 𓀀 « Je suis ta double sœur, dit Isis à Osiris (de Horrack, Lamentations II, 9) ; Râ 𓀀 se joint à sa double mère » (Obélisque de Matarou) ; un Ptolémée se dit « aimé de la double mère divine » 𓀀. Nous avons vu plus haut que 𓀀 Mâ, la Vérité, est également double. Ce dualisme (on est convenu d'employer ce mot, faute d'autre) si précieux par sa symétrie, au point de vue pittoresque, domine toute la symbolique égyptienne et il en

– 42 –

est la clé.

Lorsque l'astre franchit l'horizon oriental, celui-ci devient le double horizon [gly] divisé en partie méridionale et en partie septentrionale. de même pour tous les lieux qu'il traverse. Sa marche dans le ciel est figurée tantôt par la course d'un disque ailé tantôt par la navigation dans une barque d'un homme à tête d'épervier, le dieu Râ. Cette barque est remorquée par deux chacals appelés les <u>ouvreurs de chemins</u> [gly] : l'un ouvre à la lumière les chemins du midi, l'autre les chemins du nord.

Le soleil <u>tranche</u> la terre (c'est le terme égyptien : cf. Grébaut, Hymne à Ammon, p. 163) en sud et en nord. Dans sa forme d'Ammon-Râ il est coiffé de deux grandes plumes [gly] avec lesquelles, dit un texte du Louvre, « il <u>coupe</u> le ciel. » [gly] (Mes Études Égypt. II, 3) : l'une de ces plumes fait la part du sud, l'autre la part du nord. Dans d'autres formes divines il est coiffé du

— 43 —

pschent 𓋙 qui se décompose en deux parties :
𓋑 la couronne blanche, représentant le côté
sud, 𓋔 la couronne rouge, représentant le
côté nord. Cette coiffure est ornée à gauche
et à droite de deux vipères appelées uræus
𓆗 𓆘 qui regardent l'une le sud et l'
autre le nord : elles symbolisant le mal
que peut faire le dieu en brûlant, en dét-
ruisant par le feu ses ennemis ; elles sont
ses protectrices, comme ses yeux ('), elles jouent
le même rôle que les yeux et sont en équa-
tion avec les déesses qui personnifient ces
derniers, déesses appelées souvent « mère
du soleil » ; par conséquent, on aurait pu,
dans l'un des titres solaires de la domination sur le sud et sur le nord, figurer leur
dualité tout aussi bien par 𓆗𓆘 que par
𓆗𓆘 ; on a fait part égale à chaque symbole en composant le titre de cette manière

---

(1) 𓁹𓏤𓈖𓂋𓈎𓂡𓈖𓆑𓏭𓀀𓏪 « C'est son œil qui renverse les
ennemis » (Hymne à Ammon du Musée de Boulaq)

𓎟𓋴; — 𓎟 répond à la déesse Nekheb et à la couronne blanche, 𓎟 répond à la déesse Ouazi (è Bouto) et à la couronne rouge.

En résumé, les déesses, appelées « mère du soleil » et « fille du soleil » exercent sur le dieu, à sa gauche et à sa droite, une double protection symbolisée par ses deux yeux, par les deux plumes de sa coiffure⁽¹⁾, par les deux parties du pschent, par les deux uræus de son diadème : explication qui rend très compréhensibles des phrases bizarres en apparence, comme celles-ci :

[hiéroglyphes] (Todtent. XVII, 11). « Ses deux plumes sur sa tête, c'est la marche d'

―――――――――――――――――

⁽¹⁾ Les deux plumes font la lumière comme les deux yeux : [hiéroglyphes] « il fait la lumière avec ses deux plumes » (Hymne à Osiris de la Bibliothèque)

Isis avec Nephthys qui font sa protection à l'état d'être en jumelles; c'est là ce qui est placé sur sa tête. Autrement dit, ce sont les deux très-grandes uræus qui sont au front de son père Toum. Autrement dit, ce sont ses deux yeux, ses deux plumes sur sa tête."

oi [hiero] (Louvre C. 218) « fils de la couronne blanche, enfanté par la couronne rouge "

« Neit [hiero] (Denkm. IV, 26) sauvegarde le soleil en apparaissant sur la tête de son fils Horus »

[hiero] (Pap. mag. Harr. V) « Je protège ta mère, l'œil! »

[hiero] (Denkm. IV, 23). fils du soleil, amour de son cœur, résidant à sa place sur son front! »

Hathor appelée [hiero] (Mariette, Dendérah I, 52) « uræus sur la tête de son père » Et dans le Décret de Canope [hiero] « la fille du soleil qu'il appelait œil et réfère à son front [1] Ὀφρύσσει ὅτε ὄψιν ὅτε βασιλείαν αἰκώ. Le texte démotique dit 𓁹𓂀, ṣmꜣw, « œil et uræus. » Le texte grec dit « sa vue et sa couronne, »ce qui revient au même. On rencontre en effet des déesses nommées 𓁹𓂋𓏏𓎟 𓂋𓂝, 𓁹𓇳𓈖𓏏𓆇 « vue du Soleil, vue d'Horus » au lieu de œil du soleil, 𓁹𓇳, « œil d'Horus. » 𓁹𓈖𓏌 (Leps. 1877,101). Quant au sens « Couronne » pour Βασιλεία, que ne donnent pas les dictionnaires classiques, il a été établi par Letronne dans son Recueil d'Inscriptions grecques et latines de l'Égypte.

VI. — NAISSANCE DU SOLEIL.

L'espace dans lequel le soleil prend naissance est personnifié par des déesses qui s'appellent tour à tour Nout, Neit, Méhour, Isis, Thouéris, Maut, etc.

---

(1) 𓁹𓈖𓏌 signifie en réalité vipère, serpent, et non couronne, comme on a traduit jusqu'à présent.

— 47 —

Elles renouvellent chaque jour l'enfantement de la première fois et elles ont, quelque soit leur nom, un caractère primordial comme ayant été le commencement des naissances ; elles sont dites « mère des dieux » puisque le dieu qui engendre ses propres formes est issu d'elles : 𓏞𓏥𓊹 (Denkm. II, 124) « Nout qui enfante les dieux » 𓏞𓇋𓏏𓅱𓊹𓏏, 𓅓𓊨𓏏𓆇𓏏𓊹𓏏 (Stat. naop. du Vatican) « Neit, la grande, la Divine mère Des dieux, qui enfante le soleil » 𓅓𓊨𓏏𓏛𓊹𓏏 « la mère qui enfante, n'ayant pas été enfantée » 𓉐𓊨𓏏𓈖𓏥𓊹𓏏 « commencement de (tout) enfantement, avant qu'il n'y eût eu enfantements (quelconque) » (Id.) Isis est appelée 𓅓𓊨𓏏𓏛𓊹𓏏 « la déesse qui a commencé les divins enfantements » (Cf. Grébaut, dans les Mélanges d'Archéol. égypt. et assyr. I, 247) C' un titre de divinité primordiale analogue à celui de 𓊹𓉐𓅓𓊨𓏏𓏛 « dieu grand, commencement du devenir » porté par Ptah et ses similaires ; or ce dernier titre « commencement du devenir [hieroglyphs], hiérat. [hierat], démot. [demot]⁽¹⁾ (cf Devéria, Catal. des Mss du Louvre, E. Revillout, Nouvelle chrestom. démot. p. 23) ayant été donné à des femmes, nous prouve qu'il a dû être attribué à des déesses.

La vache est un emblème de maternité qui n'est pas exclusivement employé pour Isis et Hathor; toutes les déesses qui enfantent le soleil sont coiffées des cornes de la vache. Neit est appelée « la vache qui enfante le soleil ». [hieroglyphs]. On lit au Chapitre XVII du Livre des Morts : le soleil d'aujourd'hui est né d'hier en haut de la cuisse de la vache Mehour (la grande plaine). [hieroglyphs] et le texte ajoute : « Mehour, c'est l'œil du soleil ». [hieroglyphs], nouvelle preuve de cette notion que toute déesse est œil du soleil. Ainsi que je l'ai dit plus haut, Mehour égale Neit, et M. Brugsch l'a déjà constaté (Dictionnaire

_____
(1) En grec ΣΑΧΙΙΗΡΙΣ

géograph. p. 364): l'arc et les flèches que tient Neit doivent faire allusion au rayonnement que <u>darde</u> l'œil solaire: on se rappelle que le mot <u>rayonnement</u> est écrit par la flèche 𓏞𓏤𓈖.

Nout est bien connue: c'est la voûte du ciel figurée par une femme; le soleil est souvent représenté sortant de son corps.

Thouéris ou Apet, au corps d'hippopotame, aux mamelles pendantes, coiffée aussi des cornes de vache, est une autre formule de la déesse mère et nourrice. Elle est appelée dans le temple qui lui fut élevé à Karnak, à côté du temple de Khons, 𓊵𓊖𓈖𓏏𓉐, 𓁐 𓂝 𓃒𓈖𓊃 (Champoll. Not. II, 252). Apet, la grande, qui a enfanté les dieux, la mère du fécondateur de sa mère, c'est à dire du soleil.

Ce titre singulier de fécondateur de sa mère, 𓊵𓃒𓈖𓊃 m'amène à expliquer ce qu'est la triade égyptienne.

Le dieu solaire se renouvelle chaque jour en s'engendrant lui même [hieroglyphs] (Mes Études Égypt. I, 29) « taureau ou fécondateur qui se renouvelle dans le ciel chaque jour, » en produisant dans son propre sein un autre lui-même. On a matérialisé cette idée en imaginant une divinité féminine symbolisant l'espace, dédoublement du dieu dont elle reçoit le germe fécondant, et qui enfante un dieu fils identique au père. Cette identité est clairement, brutalement rendue par le titre « fécondateur de sa mère » dont le dieu ithyphallique Khem [hieroglyphs] est la vivante expression. Tel est le sens de la triade, qu'elle s'appelle Ammon, Maut et Khons, à Thèbes, — Osiris, Isis et Horus, à Abydos, — Ptah, Sekhet et Nofre-Toum, à Memphis, — Mentou, Sati et Khem, à l'île de Konosso, — Noum, Nebouout et Hikà, à Esneh ; les dieux fils Khons, Horus, Nofre-Toum, Khem et Hikà personnifient le Soleil levant.

Un roi de la XVIIIe dynastie, Aménophis IV, voulut simplifier le culte et substituer à cette nombreuse population divine le culte unique du disque solaire [hiéroglyphes] (Denkm. III, 107) « Le disque, le Dieu unique qui fait subsister tout ce qu'il a produit et qui écarte les ténèbres. » Roi thébain, Aménophis IV s'attaqua d'abord au premier des dieux de Thèbes, à Ammon, dont il fit effacer le nom sur tous les monuments. Il est facile de comprendre que le collège sacerdotal, combattant véritablement pro aris et focis, opposa une énergique résistance à l'entreprise du monarque de Tell-el-Amarna, et la réforme avorta.

Une autre sorte de triade, composée d'un dieu et de deux déesses, comme Horus entre Isis et Nephthys ou Noum entre Sati et Anouké, se réfère à un autre ordre d'idées : c'est le soleil placé entre ses deux protectrices, 〈hiero〉, comme le lierre entre ses deux plumes 〈hiero〉, le disque entre ses deux ailes 〈hiero〉 ou ses deux uræus 〈hiero〉, voyez plus haut 〈hiero〉, et comparez le groupe symbolique 〈hiero〉 « l'intact entre les deux vigilantes » (représentation des boîtes de momies) et même le titre 〈hiero〉 dont la composition trahit la même intention.

VII. LE SOLEIL DIURNE

Suivons le soleil dans son parcours diurne. Il s'est élancé dans le ciel comme un épervier, d'où la forme hiéracocéphale de Râ; il domine le sud et le nord, d'où son titre 〈hiero〉 (Hymne à Ammon de Boulaq) qui ne signifie pas, comme on traduisait autrefois, « roi de la Haute et de la Basse Égypte, Râ, justifié (de quoi le soleil peut-il être justifié ?) Ce titre n'implique aucune nuance d'Évhémérisme ni pour le dieu Râ ni pour aucun autre; il doit se traduire : « le roi du Sud et du Nord,

Râ, dont la parole est vérité, et qui est au-dessus de la double terre, » qualifications purement solaires (cf. Grébaut, Hymne à Ammon et Mélanges d'archéol. égypt. et assyr. I, 249) L'encadrement elliptique appelé cartouche ⟨▢⟩ n'est-il pas lui-même l'hiéroglyphe ⟨○⟩, un sceau, plus ou moins allongé, exprimant le circuit de l'astre [glyphs] (Denkm. III, n.) ? Ces titres ne sont pas devenus divins parce qu'ils étaient royaux, mais ils sont devenus royaux parce qu'ils étaient divins. Le pharaon, dont le Cartouche-nom est d'ailleurs accompagné de la qualification [glyphs] qui n'a rien de terrestre et fait parallélisme avec celle de [glyphs], le pharaon est un soleil levant. Ramsès III dit à Ammon dans une inscription de Medinet-Abou : [glyphs]. tu me places en roi, toutes les régions étant sous mes pieds ; tu m'élignes le circuit du disque. et il lui dit dans le Grand Papyrus Harris : [glyphs]

[hiéroglyphes] « tu me places en roi qui domine la double terre; en régent V. S. F. sur ton siège grand, tu me liques les régions dans leur entier » Dans ce titre : [hiéroglyphes] (Lepsius Denkm. III, 6) « roi du sud et du nord, maître de la double terre; soleil de la terre entière, il y a parallélisme évident entre [hiér.] et [hiér.]. L'assimilation du roi d'Égypte à un soleil levant est un fait reconnu depuis longtemps; il est palpable pour tout visiteur d'un musée sous les yeux duquel tomberont ces bronzes représentant un roi sortant, comme Horus enfant, du calice d'un lotus.

Le soleil traverse le ciel comme un épervier d'or [hiér.], ou c'est un homme à tête d'épervier qui navigue dans sa barque [hiér.], ou simplement un disque ailé appelé [hiér.] hut à Edfou, ou un coureur infatigable [hiér.], allongeant les jambes [hiér.] [hiér.] (Hymne à Ammon de Boulaq), circulant à travers le monde [hiér.] (Todtenb. CXLI, 3) sans s'arrêter, sans trêve à sa tâche 〈hiero〉 (Recueil Pierret II). Illuminant la double terre 〈hiero〉, il est le maître de la vie de la double terre 〈hiero〉 (Monum. de Leide III, 19), il fait subsister tout ce qu'il a produit 〈hiero〉, il produit les plantes nutritives, fait la végétation, fait subsister les troupeaux 〈hiero〉 (Hymne à Ammon de Boulaq); la production de ce qui existe, des animaux et des hommes, sort de son œil 〈hiero〉; il engendre et détermine les formes 〈hiero〉 (Zeits. 1864, 150. cf. Grébaut, Hymne à Ammon).

Le soleil diurne dans toute la puissance de sa radiation est appelé le maître de la double force et de l'ardeur 〈hiero〉 (Hymne à Ammon de Boulaq), ardeur symbolisée par le dieu criocéphale d'Héracléopolis 〈hiero〉 « le maître des ardeurs » et aussi par le dieu thébain Montou,

Month-Râ, hiéracocéphale, à menton, coiffé de la double plume 🪶, ayant parfois deux têtes, est armé du glaive Khepesh ou tient une masse d'armes, un arc et des flèches, attributs de force et de radiation solaire en rapport avec son titre ⟶ 𓂋𓂋 [1]. Le même rôle est dévolu au dieu du nome Arabique, Souptu, à corps de lion et à tête d'épervier, coiffé de 🪶 et tenant l'arc ⟶ (G. Louvre, D. 37); il est appelé « le seigneur du Combat » ⟶ 𓂋. En réalité ces dieux nous offrent une variante du rôle des déesses léontocéphales qui, exprimant la force invincible « feux du soleil », renversent les ennemis de ...tie. Considéré sous cet aspect, le dieu solaire est redoutable 𓃀 𓈖 𓉗 𓆓 « les terreurs qu'inspire ta double force, ô Ammon ! », dit le Papyrus magique Harris (VIII, 3,4), et à

---

[1] Lorsque 𓉐 précède un substantif, il signifie « maître » : ⟶ 𓂋 ou ⟶ 𓂋 𓇋 âa n pa « grand de maison », celui qui en a la direction ; 𓉐𓉐 maître de la double force.

ce titre il est personnifié par des divinités qui, en d'autres circonstances et à de certaines époques, ont été des dieux du mal. Ainsi le crocodile qu'Horus foule aux pieds comme un être malfaisant, un mauvais principe, un 𓂀𓏤𓄿𓇋𓏤, devient un dieu solaire « à bouche terrible » 𓂀𓏤𓏤𓏤 (cf. dict. géog. 197) adoré au Fayoum, dans le nome attribué, à Silsilis, à Ombos, à Assouan sous le nom de Sebek-Râ 𓂀𓏤𓏤𓏤𓏤 (Den-Km. III, 8, 28, 114; Champoll. Not. I, 227; Mariette, Pap. de Boulaq; P. Pierret, Études égypt. II, 79). Les feux du soleil dans ce qu'ils ont de redoutable et de funeste ont été de la même manière personnifiés par les dieux asiatiques que les Égyptiens admirent dans leur panthéon, comme Baal, Reshep et Set.

Set ou Soutekh qui, dans le mythe osirien, symbolise le mal et devient le meurtrier de l'Être Bon, n'en a pas moins pris son rang dans la mythologie comme fils de Nout 𓂀𓏤𓏤 et personnifie l'ardeur

— 58 —

et la force de la lumière solaire : il est [hiér.] « le grand de la double force » (Stèle de l'an 400) [hiér.] (Denkm. IV, 33) « l'irrésistible » (titre des déesses léontocéphales). Associé à Horus sous la figure d'un dieu à double tête d'animal typhonien et d'épervier [hiér.], « le ayant deux faces », [hiér.], il se substitue à l'allégorie du double Horus et du double Menton dont une face regarde le sud et l'autre le nord. Set et Horus ainsi réunis sont appelés les deux lions et les deux Rehous [hiér.] ; on les assimile à Shou et Tefnout ainsi qu'aux deux déesses protectrices personnifiant les deux yeux : [hiér.] (Todtent. XXXVI) « les deux Rehous, les deux sœurs, les deux yeux-déesses ». Une légende mythologique fut constituée pour eux, racontant qu'ils se combattirent pour la succession de leur père Osiris et que Thot (le dieu pondérateur) intervint comme juge pour leur assigner à chacun son domaine; à l'un le sud, à l'autre le nord; d'où son

— 59 —

titre [hiéro] ; on lit au Livre des Morts,
Chap. CXXIII, 1 : [hiéro]
[hiéro] « Je suis Thot, j'ai jugé les Rehous »
Cf. Brugsch, dictionn. géog. 459; Chabas, Mélang.
III, 213. [hiéro]
(Denkm. III, 5) « le pays du sud et le pays du
nord résultent du partage d'Horus et de Set ».
Hatasou, après avoir dit (Base de son obélisque)
qu'elle coiffe la couronne blanche et la couronne rouge, ajoute : [hiéro]
ce qu'E. de Rougé traduit : « les deux
Horus ont réuni pour moi leurs domaines »
(Mélanges d'Archéol. égypt. et asyr. II, 91);
suit immédiatement : [hiéro] je
gouverne cette terre comme le fils d'Isis, »
c'est-à-dire Horus, et [hiéro] « j'ai
la force du fils de Nout. » c'est-à-dire Set ».
C'est cependant de cette autre phrase : « Dieu
a fait, dit Aménophis II, que toute la terre
me fût soumise [hiéro] (Dümich.
hist. Inschr. II, 38, 6) « il m'a donné la part
des deux Horus. » De même que certaines déesses

se lisent [hieroglyphs], [hieroglyphs] « vue du Soleil, vue d'Horus » au lieu de [hieroglyphs], [hieroglyphs] « œil du soleil, œil d'Horus, » une épouse du roi Khafrā (Cf. E. de Rougé, les 6 premières dynasties, p. 58) s'intitule [hieroglyphs] « vue de Horus-Set. » La légende remonte donc à la IVe dynastie.

VIII. LE SOLEIL NOCTURNE

Lorsque le Soleil a terminé sa course diurne sous le nom de Râ, il se couche à l'occident sous le nom de Toum : « Paroles à prononcer, dit le Chapitre XV du Livre des Morts, lorsque le Soleil se couche : [hieroglyphs] (Cf. le texte rectifié et traduit par M. Lefébure). « Adoration à Toum se couchant dans le pays de vie (c'est à dire où l'on renaît à la vie) et donnant sa lumière à la région inférieure. Salut à toi, père des dieux ». J'ai expliqué que Toum, en sa qualité de soleil nocturne, a un caractère de dieu primordial parceque la nuit du Chaos a précédé la création lumineuse, τὸ σκότος τοῦ φωτὸς ἐστι πρεσβύτερον, dit Plutarque. — Suite du Chapitre XV : [hieroglyphs] « tu rejoins ta mère dans Mânou (l'occident) où ses bras te reçoivent quotidiennement. Cette mère symbolisant le Ciel nocturne est généralement représentée par Hathor qui anime (aussi) sous la forme d'une vache la montagne de l'occident. Hathor, réceptacle du soleil nocturne, enfante le soleil levant ; elle est représentée le plus souvent en femme à tête de vache et ne diffère pas alors d'Isis qui joue un rôle identique dans le mythe osirien. — Suite de l'adoration du Chapitre XV : ... [hieroglyphs] „ tu te couches dans la montagne de l'occident ; tes rayons sillonnent la terre pour éclairer les occidentaux, ceux qui sont dans l'hémisphère inférieur „ Ainsi le soleil, mort pour les hommes, va fournir une nouvelle course :

il va éclairer ceux qu'on appelle les occidentaux, les habitants de l'hémisphère inférieur, de la région souterraine dans laquelle on pénètre par l'occident. On dit alors au soleil: [hieroglyphs] (Pap. mag. Harris VIII, 2). « tu navigues vers un autre double ciel, » celui de l'enfer dans lequel l'astre semble pénétrer en s'enfonçant dans la terre, et il semble sortir de la terre au point opposé, à l'orient, pour recommencer sa course: [hieroglyphs] « Toum sort de la terre » dit le Papyrus de Soutimès (VIII, 9) De là vient qu'on lui donne pour père la Terre personnifiée par un dieu, tandis que le Ciel, sa mère, est personnifié par une déesse: Nout, Neit, Hathor, Maut, Mehour, etc, suivant les localités. Le dieu qui personnifie la terre est tantôt Seb [hieroglyphs], tantôt Tanen [hieroglyphs] (cf. Lefébure, Traduction du Chap. XV du Livre des Morts, p. 94). Seb est naturellement <u>père des dieux</u>, comme Nout est <u>mère des dieux</u>. Non seulement à Seb se substitue quelquefois

Tanen, mais à Nout et aux déesses similaires se substitue une déesse Tanen à coiffure hatorienne.

Il peut paraître étrange au premier abord que Seb et Tanen qui personnifient la Terre portent une coiffure solaire; cependant il est très naturel que le dieu-Terre jouant le rôle de père du soleil soit identifié avec cet astre, de même qu' Ammon est identifié avec Khons, Osiris avec Horus, Toum avec Râ. — Remarquons en effet qu'on assimile Tanen à un soleil nocturne en lui attribuant un rôle primordial, puisqu'on le fond avec Ptah dans le personnage de Ptah-Tanen ou Ptah-Tatounen.

De même que Râ était la personnification la plus populaire du soleil diurne, Osiris était la personnification la plus populaire du soleil nocturne. En raison de l'explication que je viens de donner, on disait qu'il réside dans Tanen 𓏤𓏤𓏤𓏤𓈖𓏥 ainsi que dans la nuit 𓏤𓏤𓏤𓏤𓈖𓏥𓆓𓏏𓇿 (Boîte de momie de Munich.)(Cf. Mariette, Abydos, pl. 17.) et qu'il sort du sein de sa **mère** Seb, enfanté par Nout, pour reparaître au jour et régir le monde au soleil levant : [hieroglyphs] (Münich. histor. Inschr. II, 4) La féminisation de Seb a pour but de souligner la parturition qu'on attribue à la terre divinisée ; elle est une nouvelle preuve des libertés que l'on prenait dans le maniement de l'allégorie et du peu de consistance des figures divines au point-de-vue anthropomorphique.

Comme autre exemple de la variété des images par lesquelles était rendue une même idée mythologique, remarquons qu'il est dit quelquefois d'Osiris, soleil nocturne succédant au soleil diurne, qu'il est fils de Râ, héritier de Râ, [hieroglyphs] (Stèle de Thotmès publiée par M. Rossi) [hieroglyphs] (Mariette, Monum. div. 27) et même : fils d'Horus. [hieroglyphs] (Hymne à Osiris de la Bibl. 1,17) dont il est ordinairement le père.

La généalogie se renverse, les ascendants deviennent des descendants suivant le point de vue où l'on s'est placé pour animer les phases solaires, suivant qu'on veut désigner le soleil diurne succédant au soleil nocturne ou le soleil nocturne succédant au soleil diurne. Osiris est aussi appelé [hiéroglyphes] (Toutlent. LXII, 17; Mes Études I, 68) « lumineux devenu vieillard ».

Le rôle d'Osiris est donc d'éclairer la région infernale, la demeure des morts, d'illuminer leur retraite de l'éclat de ses yeux [hiéroglyphes] (Louvre, Sap. 3292), il est aimé des habitants de cette région comme « le beau de visage, le grand de l'alef. » [hiéroglyphes] (Id.) On voit que Ptah n'est pas le seul qui porte le titre beau de visage, Ammon est aussi appelé [hiéroglyphes] « le fécondateur, beau de visage » (Hymne à Ammon de Boulaq); c'est un titre purement solaire qui n'a pas besoin d'être expliqué.

5

— 66 —

Personne n'ignore la légende d'Osiris, l'Être-bon, tué par Set qui dispersa son cadavre. Les membres épars du défunt furent recueillis par ses sœurs Isis et Nephthys et embaumés par Anubis, qui devint le dieu de l'ensevelissement. Horus, né d'Osiris et d'Isis, succéda à son père et le vengea dans un combat contre Set : aussi est-il appelé 𓂝𓏏𓄿𓀀 « le vengeur de son père ».

Cette légende est étroitement liée au symbolisme solaire. Quand l'astre a disparu aux regards de l'homme, quand il est pour lui le soleil mort, il s'appelle Osiris, et il renaît à l'orient sous le nom d'Horus, « Har-em-Khu, l'Horus de l'horizon, Harmakhis. À ce moment il a triomphé des ténèbres, ses ennemies, que personnifie tantôt Set, tantôt le grand serpent Apap 𓆗𓆗𓆙 (apophis). Cette nouvelle forme de soleil ressuscité, triomphant des ténèbres, que représente Horus, est véritablement la vengeresse de la forme précédente de soleil disparu, que représente

Osiris. Les deux déesses Isis et Nephthys, protectrices d'Osiris, forment un parallélisme parfait avec les deux déesses protectrices de Râ, le soleil diurne, qui personnifient la lumière de ses deux yeux et sont symbolisées tour à tour par les deux vipères de son diadème, les deux plumes de sa coiffure, la couronne blanche ⟨⟩ et la couronne rouge ⟨⟩ et les deux ailes du disque. Ce rapprochement n'est pas imaginaire ; il est formellement exprimé dans un passage du Chapitre XVII du Todtenbuch (Col. 11), que j'ai déjà cité :

« Sont ses deux plumes sur sa tête la marche d'Isis avec Nephthys qui font sa protection en jumelles. C'est là ce qui est placé sur sa tête ; autrement dit, ce sont les deux vipères très grandes qui sont sur son front ; autrement dit, ce sont ses deux yeux, ses deux plumes sur sa tête. »

Cette glose, dont Emmanuel de Rougé disait dans sa belle Étude sur le

Rituel Funéraire qui, elle, n'est guère plus compréhensible que le texte qu'elle prétend expliquer, est maintenant parfaitement claire pour nous.

La vie de l'homme était assimilée à la vie du Soleil : il disparaît dans la tombe, située à l'ouest, en Égypte, comme le soleil disparaît à l'occident ; il s'appelle Osiris, comme le Soleil disparu, et, comme lui, il renaîtra pour de nouvelles existences. Telle est la doctrine consolante que l'Égyptien emportait avec lui en quittant la vie.

Osiris est le dieu des morts : c'est son domaine qui est affecté au châtiment des coupables et à la récompense des justes, récompense ou châtiment résultant d'un jugement prononcé par lui et enregistré par Thot. Le rôle d'Osiris est parfaitement annoncé par son costume : il porte l'enveloppe de la momie et il est coiffé de la mitre solaire.

Le rôle solaire de Ptah, qui a été nié,

est manifesté. Sa qualité de dieu primordial et sa forme de momie nous prouvent qu'il représente le soleil nocturne. Comme Osiris, avec lequel il se fond, [hiéroglyphes] (Mariette, Abydos 39), il a même des titres de soleil diurne : [hiéroglyphes] (Denkm. III, 287) « Ptah, disque du ciel, illumine la terre du feu de ses yeux, » [hiéroglyphes] (id. III, 229) « roi de la double terre. » C'est afin de bien faire comprendre que le soleil nocturne et le soleil diurne ne sont qu'un, sont une même manifestation lumineuse du dieu caché.

Sokari, à tête d'épervier, coiffé de [hiéroglyphes], est une autre forme du soleil nocturne, analogue à Ptah, à Osiris et à Tanen avec lesquels, d'ailleurs, il se fond sous le nom de Ptah-Sokar-Osiris-Tanen. Comme Osiris et Ptah, il a l'apparence de la momie puisque le soleil disparu est assimilé à un défunt, et, pour le motif que j'ai déjà indiqué à plusieurs reprises, il est primordial ainsi que ces dieux : [hiéroglyphes], [hiéroglyphes] (Denkmäl.

IV,71)« dieu grand du commencement, reposant dans la nuit »

La contrée souterraine que traverse le Soleil nocturne est divisée en douze localités portant chacune un nom spécial et répondant aux douze heures de la nuit.

IX RENAISSANCE DU SOLEIL

Son voyage nocturne terminé, l'astre se trouve ramené à l'horizon oriental du ciel où il fait sa réapparition en soleil levant et rajeuni, dont la personnification la plus fréquente est Horus, Horus l'Enfant 𓀀𓀁𓀂 Har-pa-Khrat. — Horus l'ainé, 𓀀𓀁 Har-ur, Haroéris, se distingue de l'autre Horus en ce qu'il est, non pas fils, mais frère d'Osiris; c'est une forme antérieure d'Har-pa-Khrat, un soleil nocturne comme Osiris : 𓀀𓀁𓀂𓀃𓀄𓀅, 𓀆𓀇𓀈𓀉𓀊𓀋𓀌𓀍𓀎𓀏𓀐 𓀑𓀒𓀓𓀔𓀕𓀖𓀗𓀘𓀙𓀚, ouvre l'Amenti Har-ur le grand qui illumine la région inférieure par ses spkt atens et les âmes dans leur demeure secrète, rayonnant dans leur retraite." Cp. Lefébure, chap. XV du Todtenb. p. 32.

Horus prend possession de l'héritage d'Osiris [hieroglyphs], s'empare de la couronne des deux lions [hieroglyphs] (couronne de la double force), il est sur le trône de son père [hieroglyphs], [hieroglyphs], il a la tête d'épervier [hieroglyphs] (Todt. 78, passim), il s'élance dans le ciel et fait la vérité ([hieroglyphs]) en dissipant les ténèbres, en repoussant les mauvais principes, en éloignant le retour des causes de désordre et du cahos, [hieroglyphs] (Todtenb. CXXXIV, 7) "Horus repousse les compagnons de Set qui, voyant le diadème placé sur son front, tombent sur leur face." Il fait les choses [hieroglyphs], c'est-à-dire reconstitue le monde (car chacun de ses levers est comme une création nouvelle), et le monde est parfois désigné par l'expression "les choses établies" [hieroglyphs], que l'on

rencontre en variante du démotique 𓏲𓈖 [gl.]
J. Brugsch, Zeitschr. 1868, p. 125 et comparez
la légende [gl.] (Champollion,
Not. I, 181). Ceci explique le titre, signalé par
Emm. de Rougé, de [gl.] « Horus stabili-
tem » (Étude sur l'ahraka)

Le soleil renaissant est aussi représenté par le dieu [gl.] dont le nom, qu'il faut
sans doute lire *Xepri*, d'après une démonst-
ration faite par M. Maspero touchant la
valeur i pour [gl.] (Mélanges d'archéol. égypt.
et assyr. 10ᵉ livraison), dont le nom, dis-je,
signifie « se transformant » [gl.] = [gl.].
On lit au Chapitre XXIV du Todtenbuch (Cf.
1): [gl.]. Khepra se
transforme ou se donne la forme lui-même
au-dessus de la cuisse de sa mère, » ce qu'un
papyrus du Louvre développe ainsi : [gl.]
[gl.]
[gl.]
[gl.]. « La majesté de ce dieu grand

atteint cette région (la 12ᵉ du monde souterrain, répondant à la 12ᵉ heure de la nuit), qui est la fin des ténèbres absolues. L'enfantement de ce dieu grand quand il devient-en Khepra a lieu dans cette région... Il sors de l'hémisphère inférieur, il joint la barque mat, il se lie aux cuisses de Nout » (Cf. Ch. Devéria, Catal. des mss. égypt. du Louvre p. 35 et J. Pierret, Études Égypt. II, 136). [hiéroglyphes] (Pleyte et Rossi, Pap. de Turin, 133, 10) « Je suis Khepra le matin, Râ à midi, Toum le soir ». Il en sort de Khepra, Comme de Horus, Qu'il produit la vérité [hiéroglyphes] (Grébaut, Hymne à Ammon 112.) et il se fond avec ce dernier : [hiéroglyphes] (Denkm. III, 241) « Harmaxis, c'est Khepri qui se donne la forme lui-même » Le rôle de Khepri ou Khepra est résumé par cette figure que l'on rencontre en haut des naos osiriens : [figure], le scarabée au milieu du disque émergeant de l'horizon.

Laissant de côté les autres dieux fils

qu'il est inutile d'énumérer puisque leurs attributions sont identiques, je me borne à ajouter la mention de deux personnifications du soleil renaissant, Nofre-Toum et la forme d'Osiris appelée Nofre-hotep, qui n'ont pas encore été définies. Nofré-Hotep est représenté par ses statues debout, en marche ; « il est svelte et élancé » dit M. Mariette (Catalogue, p. 113) Il a pour coiffure la perruque bouclée que surmonte le pschent, insigne de la domination sur le sud et sur le nord. C'est un dieu fils 𓊵𓏏𓊪 𓀭 (Denkmal. IV, 15) « Nofre-hotep, l'enfant. » Son nom est expliqué par la variante développée 𓊵𓏏𓊪 𓀭 « le beau, le radieux, qui se lève heureusement. » Il symbolise à Diospolis parva le lever du soleil, la résurrection d'Osiris. (Cf. Brugsch, Dictionn. géog. 742)

Nofre-Toum est un Horus : 𓊵𓏏𓊪𓀭𓏤 𓅃 𓏤 « protection de la double terre, Horus acclamé » Représenté debout sur un lion, et fils de Sekhet ou de Bast, il symbolise la force, l'ardeur que l'astre, à son lever, met— à disperser les éléments ennemis de son œuvre. Sur la chapelle D. 29 du Louvre, on le voit, sous la forme d'un lion coiffé de la double plume, s'apprêtant à dévorer un homme, type du 𓂝𓏤𓀀, de l'ennemi, dont les bras sont liés derrière le dos, et il est appelé le lion terrible, 𓂝𓏤𓏏𓏏𓁹.

Nous voici revenus au point de départ de notre étude, c'est-à-dire au moment où le Soleil recommence son parcours diurne. En le suivant dans les phases successives de son évolution, je crois avoir indiqué d'une façon suffisamment claire le caractère de chacun des rôles divins personnifiant ces phases de l'astre qui était pour les Égyptiens le corps même de l'Être suprême. Mais je n'ai d'autre prétention que d'avoir tracé une esquisse ; je laisse à mes confrères le soin de compléter le tableau.

INDEX ALPHABÉTIQUE

Ammon-Râ est le dieu caché qui se manifeste par le Soleil, p. 19

Anhour personnifie la force cosmogonique du Soleil, p. 31

Anubis dieu de l'ensevelissement, p. 66

Apap ou Apophis serpent symbolisant les ténèbres, p. 66

Apet, nom de Thouëris. Voyez Thouëris.

Apis. Les taureaux Apis et Mnévis symbolisaient la faculté du dieu unique de multiplier ses formes, p. 20. Ce sont des dieux solaires, p. 21.

Baal dieu asiatique, personnifiant la terreur qu'inspire le Soleil, p. 57

Élémentaires (Dieux), p. 26

Harmakhis « l'Horus de l'horizon » p. 66. Harmakhis-Khepra, le soleil levant, p. 73.

Haroïris « Horus l'aîné » soleil couché, p. 70

Harpakhrat « Horus l'enfant » soleil levant, p. 70

Harshefi personnifie l'ardeur du soleil, p. 55

Hathor « demeure du soleil » p. 23 et réceptacle du soleil nocturne, p. 61

Hikù dieu fils à Esneh, p. 50

Horus fils d'Osiris et d'Isis, p. 66. Soleil levant et rayonnant, p. 70, 71.

Horus-mâ « Horus faisant la Vérité » p. 32.

Horus-Set, p. 58 à 60

Isis déesse personnifiant l'espace dans lequel le soleil prend naissance, p. 46 Réceptacle du soleil nocturne, p. 61. Sœur et protectrice d'Osiris, p. 67

Khem dieu ithyphallique, « fécondateur de sa mère », p. 50. Dieu fils à l'île de Konosso, p. 50

Khepra soleil renaissant, p. 72

Khons dieu thébain, dieu fils, p. 50. Il se fond avec Thot dans le rôle de dieu Lune, p. 29

Léontocéphales (Déesses) personnifiant la force des Yeux du Soleil, p. 36, 37.

Lion Emblème solaire, p. 37

Lune Le dieu Lune, computateur du temps, représenté par Thot et Khons, p. 29

Mâ-Kherou ⚏ Sens de ce groupe, p. 29

— 78 —

Maut déesse personnifiant l'espace dans lequel le soleil prend naissance, p. 46

Mehour même rôle que la précédente, p. 46, 48

Mentou personnifie l'ardeur du Soleil, p. 55

Mnévis Voyez Apis

Nebouout Compagne de Noum à Eneh, p. 50

Neit déesse personnifiant l'espace dans lequel le soleil prend naissance, p. 46

Nekheb, déesse du sud, p. 44

Nephthys sœur et protectrice d'Osiris, p. 67

Nil, dieu père des dieux, p. 25

Nofre-hotep soleil levant, personnifie la résurrection d'Osiris, p. 74

Nofre-Toum dieu fils, p. 50 Soleil levant, p. 74

Noum, dieu primordial, p. 26

Noun ou mieux Nou 𓏴𓏴𓏴𓈖𓈖𓈖𓇯 l'abîme celeste, dieu primordial, p. 25

Nout déesse personnifiant l'espace dans lequel le Soleil prend naissance, p. 46 Personnifie la voûte du Ciel, p. 49

Œil du Soleil. Toute déesse est œil du Soleil, p. 44, 48

Osiris, dieu primordial, p. 26. Soleil nocturne, p. 63, 65. Sa légende, p. 66. Dieu des morts, p. 68.

Ouadj déesse du Nord, p. 44.

Pschent coiffure solaire, p. 43.

Ptah dieu primordial, p. 23. Ptah-Tatounen, dieu primordial, p. 23. Ptah, dieu solaire, p. 68. Ptah-Sokar-Osiris-Tanen, soleil nocturne, p. 69.

Râ Soleil diurne, roi du Sud et du Nord, p. 52.

Rehous (Les deux) désignent Shou et Tefnout, Horus-Set et les deux Yeux-déesses, p. 58.

Reshep dieu asiatique personnifiant la terreur qu'inspire le Soleil, p. 57.

Sati compagne de Mentou à l'île de Konosso, p. 50.

Seb dieu-Terre, p. 62.

Sebek-râ dieu-crocodile personnifiant la terreur qu'inspire le Soleil, p. 57.

Sekhet Compagne de Ptah à Memphis, p. 50.

Set ou Soutekh personnifie l'ardeur et la force redoutable du Soleil, p. 57. Associé à Horus, p. 58. Meurtrier d'Osiris, il est le dieu Du mal et personnifie les ténèbres, p. 66.

Shou personnifie la force cosmogonique du Soleil, p. 31, 34. Shou et Tefnout adorés sous la forme de deux lions, p. 36

Sokari dieu primordial, p. 23 Soleil nocturne, p. 69

Soleil (Le) est la manifestation la plus éclatante de la divinité, p. 18 et symbolise son renouvellement, p. 19

Soupti dieu du nome arabique, personnifie l'ardeur du Soleil, p. 52

Sphinx Emblème solaire, p. 38

Tanen dieu-Terre, p. 62 Assimilé à un soleil nocturne et dieu primordial, p. 63

Tanen déesse, réceptacle du Soleil, p. 63

Tefnout déesse léontocéphale associée à Shou, p. 36

Thot dieu primordial, p. 27 Dieu mesureur et pondérateur, p. 29 Dieu de la science et de l'écriture, p. 30. Juge des deux Rehous, p. 59

Thouëris déesse personnifiant l'espace dans lequel le soleil prend naissance, p. 46

aussi mère et nourrice, p. 49

Toum dieu primordial, p. 22, 25 Soleil couchant, p. 60

Triade définition, p. 49

Vérité Conception abstraite de la Divinité, p. 16 La Vérité, c'est le Bien, p. 18 Le Soleil fait la vérité en maintenant l'harmonie du monde, p. 17, 33

TABLE

Introduction
I. Le Monothéisme égyptien   page   6
II. Dieu se manifestant par le Soleil 18
III. Le Dieu primordial 20
IV. Rôle cosmogonique du Soleil 30
V. Fonction du Soleil. Rôle des Déesses 36
VI. Naissance du Soleil 46
VII. Le Soleil diurne 52
VIII. Le Soleil nocturne 60
IX. Renaissance du Soleil 70
    Index alphabétique 76

NOTE COMPLÉMENTAIRE

J'ai dit page 22 qu'Apis est tout aussi bien « fils de Toum » que fils de Ptah. Les monuments du Sérapéum lui donnent aussi le titre de fils d'Osiris et de Sokar-Osiris. C'est donc à tort qu'on l'a présenté comme étant exclusivement fils de Ptah. Il est, ainsi que le Soleil, fils de tout personnage ayant un caractère de dieu primordial.

www.ingramcontent.com/pod-product-compliance
Lightning Source LLC
LaVergne TN
LVHW050627090426
835512LV00007B/704